DR. OETKER

KÜCHENBIBLIOTHEK

HACK IN VARIATIONEN

MOEWIG

Die Rezepte sind – wenn nicht anders angegeben – für 4 Personen berechnet.

Umschlagfoto: City Food & Foto, Hamburg (Rezept siehe Seite 66)

Die Rezepte in diesem Buch sind mit aller Sorgfalt zusammengestellt und überprüft worden; dennoch kann eine Garantie nicht übernommen werden. Eine Haftung des Verlags und seiner Beauftragten für Personen-, Sach- und Vermögensschäden ist ausgeschlossen.

VPM Verlagsunion Pabel Moewig KG, Rastatt

Printed in Germany

ISBN 3-8118-5975-7

Inhalt

Vorspeisen und Snacks

Hackfleischtaschen

(etwa 10 Stück)

Für die Füllung:

1 kleine Zwiebel

1 kleine gelbe oder grüne Paprika

20 g Butter

250 g Gehacktes (halb Rind-, halb Schweinefleisch)

2 Tomaten

3 EL gehackte Kräuter, z.B. Petersilie, Liebstöckel, Thymian

Salz

frisch gemahlener Pfeffer

150 g saure Sahne

Für den Quark-Öl-Teig:

300 g Weizenmehl (Type 550)

1 Pck. Backpulver

150 g Speisequark

100 ml Milch

100 ml Speiseöl

Salz

1 Eiweiß

1 Eigelb

2 EL Milch

1. Die Zwiebel abziehen und in feine Würfel schneiden. Die Paprika halbieren, entstielen, entkernen, die weißen Scheidewände entfernen, die Schote waschen und in kleine Würfel schneiden.

2. Die Butter zerlassen, Zwiebel- und Paprikawürfel darin andünsten, Hackfleisch hinzufügen und anbraten.

3. Die Tomaten enthäuten, Stengelansätze herausschneiden, Tomaten in Würfel schneiden und zu dem Fleisch geben. Kräuter, Salz und Pfeffer hinzugeben.

4. Die Masse auskühlen lassen und saure Sahne unterheben.

5. Für den Teig das Mehl mit dem Backpulver mischen und in eine Rührschüssel sieben.

6. Quark, Milch, Öl und Salz hinzufügen, mit dem Handrührgerät mit Knethaken auf höchster Stufe in etwa 1 Minute verarbeiten. Auf der bemehlten Arbeitsfläche zu einer Rolle formen.

7. Den Teig ausrollen und rund ausstechen (Ø 12–15 cm). Jeweils auf eine Teighälfte etwa 1 Eßlöffel von der Hackfleischmasse geben. Die Teigränder mit verschlagenem Eiweiß bestreichen und zusammenklappen.

8. Das Eigelb mit Milch verschlagen und die Oberfläche damit bestreichen.

Ober-/Unterhitze: etwa 200 °C (vorgeheizt)
Heißluft: etwa 180 °C (vorgeheizt)
Gas: etwa Stufe 4 (vorgeheizt)
Backzeit: etwa 25 Minuten.

Eingekochte Paprikaschoten

2–3 längliche Paprikaschoten

Für die Füllung:

1 kleine Zwiebel

100–150 g Gehacktes

50–75 g gekochter Langkornreis

Salz

frisch gemahlener Pfeffer

Paprika edelsüß

Knoblauchsalz

gerebelter Marjoran

1 EL Speiseöl

1 Zwiebel

2 enthäutete Tomaten

250 ml (1/4 l) heiße Fleischbrühe

1. Von den Paprikaschoten die Stiele entfernen, die Deckel abschneiden. Die Kerne und die weißen Scheidewände entfernen. Die Schoten waschen, abtrocknen, die Deckel in Streifen schneiden.

2. Für die Füllung die Zwiebel abziehen, würfeln, mit dem Gehackten und dem Reis gut vermengen, mit Salz, Pfeffer, Paprika, Knoblauchsalz und Majoran würzen.

3. Die Füllung in die Paprikaschote geben. Die Paprikaschoten in gründlich gereinigte, mit heißem Wasser nachgespülte und gut abgetropfte Einkochgläser füllen.

4. Das Öl erhitzen, die Zwiebel abziehen, fein würfeln, in dem Öl glasig dünsten lassen. Die Tomaten in Würfel schneiden, dazugeben, mitdünsten lassen.

5. Die Brühe hinzugießen, zum Kochen bringen, mit Salz und Pfeffer abschmecken, über die Paprikaschoten gießen.

6. Gummiring und Deckel naß auf den gesäuberten Glasrand legen, mit Bügel oder Feder verschließen. Die Gläser auf den Spezialeinsatz in den Einkochtopf stellen. Den Topf zu 3/4 der Gläserhöhe mit Wasser füllen. Die Paprikaschoten 1 Stunde bei 98 °C einkochen.

Eiersalat mit Frühlingszwiebeln und Mettbällchen

200 g mageres Schweinemett

4 hartgekochte Eier

1 Bund Frühlingszwiebeln

1 Bund Radieschen

Für die Salatsauce:

2 EL Salatmayonnaise

1 Becher (150 g) Joghurt

Salz

frisch gemahlener Pfeffer

Zucker

etwas Worcestersauce

gehackte Petersilie

1. Aus Schweinemett kleine Bällchen formen, in leicht kochendes Salzwasser geben, zum Kochen bringen, in etwa 7 Minuten gar ziehen lassen.

2. Die Mettbällchen herausnehmen, abtropfen und erkalten lassen.

3. Die Eier pellen, in Scheiben schneiden. Frühlingszwiebeln und Radieschen putzen, waschen, in feine Scheiben schneiden.

4. Für die Salatsauce Salatmayonnaise mit Joghurt verrühren. Mit Salz, Pfeffer, Zucker und Worcestersauce würzen.

5. Die Sauce vorsichtig mit den Salatzutaten vermengen, zum Schluß die Mettbällchen unter den Salat heben und mit gehackter Petersilie bestreut servieren.

Tip: Statt des Schweinemetts können Sie auch Kalbsbrät verwenden.

Tacos mit Hackfleischfüllung

1 Zwiebel
4 EL Speiseöl
750 g Rindergehacktes
2 Knoblauchzehen
1 Beutel mexikanische Gewürzmischung
Salz
frisch gemahlener Pfeffer
Paprika edelsüß
125 ml (1/8 l) Fleischbrühe
1 Avocado
etwas Zitronensaft
1 Dose (175 g) Mais
150 g saure Sahne
1 EL gehackte Kräuter, z. B. Petersilie, Basilikum
1 kleiner Eisbergsalat
1 Bund Frühlingszwiebeln
1 Pck. (12 Stück) große Taco-Schalen
Tacodip (1 Dose) oder Kräutersahne
125 g geriebener mittelalter Gouda

1. Die Zwiebel abziehen und fein würfeln. Das Öl in einer Pfanne erhitzen, Zwiebelwürfel und Gehacktes darin anbraten, dabei die Fleischklümpchen mit einer Gabel zerdrücken.

2. Den Knoblauch abziehen, durch eine Knoblauchpresse über das Gehackte geben, gut unterrühren.

3. Die Gewürzmischung, Salz, Pfeffer und Paprika darübergeben. Brühe dazugießen, umrühren und etwa 15 Minuten zugedeckt bei mittlerer Hitze garen.

4. Die Avocado halbieren, entkernen, schälen und in Würfel schneiden, mit Zitronensaft beträufeln. Mais auf ein Sieb geben und abtropfen lassen. Saure Sahne und Kräuter verrühren.

5. Den Eisbergsalat putzen, zerpflücken, waschen, trockenschleudern oder gut abtropfen lassen und in feine Streifen schneiden. Frühlingszwiebeln putzen, waschen und in kleine Ringe schneiden.

6. Die Taco-Schalen mit der offenen Seite nach unten auf ein Backblech setzen, im Backofen erwärmen.

Ober-/Unterhitze: etwa 180 °C (vorgeheizt)
Heißluft: etwa 160 °C (nicht vorgeheizt)
Gas: Stufe 2–3 (vorgeheizt)
Backzeit: etwa 3–4 Minuten.

7. Alle Zutaten zum Garnieren der Tacos in Schüsseln anrichten, das Hackfleisch in einer Schale auf einem Rechaud warm stellen. Jeweils einen Taco mit Hackfleisch, Salat, Mais, Avocado- und Zwiebelwürfeln füllen, mit Dip beträufeln und mit Gouda bestreuen.

Mariniertes Tatar mit Garnitur (Foto)

Für die Marinade:

1 Limone

2 EL Traubenkernöl

frisch gemahlener Pfeffer

1/2 TL Paprika edelsüß

250 g Tatar

Für die Garnitur:

1 rote Zwiebel

1 Chilischote

4 Eigelb

100 g gewaschene Kirschtomaten

2 EL scharfer Senf

2 EL milder Senf

8 Cornichons

gewaschene Petersilie

1. Für die Marinade die Limone auspressen, mit dem Öl und den Gewürzen vermischen und mit dem Tatar verrühren, kalt stellen.

2. Für die Garnitur die Zwiebel abziehen, in kleine Würfel schneiden. Die Chilischote waschen, entstielen, entkernen, in Ringe schneiden. Das Eigelb in je einer Eierschalenhälfte anrichten.

3. Auf einer Platte die Zwiebelwürfel, Chiliringe, Kirschtomaten, Senf und Cornichons getrennt anrichten. In die Mitte das Tatar und das Eigelb geben.

4. Die Platte mit der Petersilie dekorieren.

Beigabe: Tabasco und Worcestersauce, Kräcker und frisches Graubrot.

Tip: Dazu ein gut gekühltes Bier reichen.

Hackepeter

(6 Portionen)

300 g Thüringer Mett

1 kleine rote Paprikaschote (100 g)

1 Zwiebel

10 g Butter

40 g Kapern

1/2 Bund gehackte Petersilie

Salz

frisch gemahlener Pfeffer

Paprika edelsüß

1. Das Mett in eine Schüssel geben. Die Paprikaschote entstielen, entkernen, halbieren, die weißen Scheidewände entfernen, Schoten waschen, fein würfeln.

2. Die Zwiebel abziehen, würfeln, in der Butter glasig dünsten, abkühlen lassen.

3. Das Mett mit den abgetropften Kapern und Petersilie vermengen und mit den Gewürzen abschmecken.

Pikanter Hackfleischtoast (Foto)

(1 Portion)

- 2 Scheiben Toast
- 1 Ecke (62,5 g) Schmelzkäse
- 100 g Hackfleisch
- 1 Ei
- 25 g Rosinen
- 1/2 TL grüner Pfeffer
- 1 TL Salz
- 1 EL Chilisauce
- 1/2 TL Paprika
- 2 Eigelb
- 2 EL Parmesan

1. Die Toastscheiben mit dem Schmelzkäse bestreichen. Das Hackfleisch mit Ei, Rosinen und mit grünen Pfefferkörnern, Salz, Chilisauce und Paprika vermischen.

2. Auf die Toastscheiben streichen und in die Mitte eine kleine Vertiefung eindrücken. Jeweils ein Eigelb hineingeben. Mit Parmesan bestreichen und unter dem Grill etwa 6 Minuten überbacken.

Hackfleischeier

- 2 EL Olivenöl
- 400 g Lamm- oder Rindergehacktes
- 250 g Zwiebeln
- 2 Knoblauchzehen
- 1 TL Salz
- 1 grüne Paprikaschote
- 2–3 Tomaten
- Salz
- frisch gemahlener Pfeffer
- Cayennepfeffer
- 1 TL Paprikapulver
- 8 Eier
- 1 Bund Petersilie

1. Das Öl in einer großen Bratpfanne erhitzen und das Gehackte darin braten.

2. Die Zwiebeln abziehen, würfeln, mit dem abgezogenen und mit Salz zerriebenen Knoblauch zum Fleisch geben und kurz mitbraten.

3. Die Paprika halbieren, entstielen, entkernen, die weißen Scheidewände entkernen, Schote waschen, in feine Würfel schneiden und zum Fleisch geben. Fleisch und Gemüse bei mäßiger Hitze etwa 6 Minuten gar dünsten.

4. Die Tomaten kurze Zeit in kochendes Wasser legen (nicht kochen lassen), in kaltem Wasser abschrecken, enthäuten, die Stengelansätze herausschneiden, Tomaten in feine Würfel schneiden und unter das Fleisch heben.

5. Mit Salz, Pfeffer, Cayennepfeffer und Paprika kräftig abschmecken.

6. Die Eier auf das Hackfleisch setzen und so lange braten, bis die Spiegeleier gar sind.

7. Mit Salz und Pfeffer nochmals würzen und mit der verlesenen, gewaschenen und feingehackten Petersilie bestreut servieren.

Leichtathletik

Beefburger

- 1 Zwiebel
- 1 EL Speiseöl
- 600 g Rindergehacktes oder Tatar
- Salz
- frisch gemahlener Pfeffer
- 2 Tomaten
- 4 Sesambrötchen
- einige Blätter Eisbergsalat
- Gurkenscheiben
- geröstete Zwiebeln
- etwas Tomatenketchup oder mittelscharfer Senf

1. Die Zwiebel abziehen, sehr fein hacken. Das Öl erhitzen, die Zwiebelwürfel darin glasig dünsten. Die Zwiebelwürfel herausnehmen, etwas abkühlen lassen.

2. Das Rindergehackte zerdrücken, die Zwiebelwürfel hinzugeben. Die Masse mit Salz und Pfeffer würzen. Aus dem Gehacktem mit nassen Händen 4 gleich große Burger formen, etwas flach drücken und auf dem Holzkohlengrill in 8–10 Minuten von beiden Seiten braun braten.

3. Die Tomaten waschen, in dünne Scheiben schneiden.

4. Die Sesambrötchen halbieren. Den Eisbergsalat waschen, trockentupfen. Die Brötchenhälften damit belegen. Je einen Burger darauf legen und nach Belieben Salatblätter, Tomatenscheiben, Gurkenscheiben und geröstete Zwiebeln darauf schichten. Etwas Tomatenketchup oder Senf darauf geben, die andere Brötchenhälfte auflegen.

Mansfelder Knäzchen (Foto)

500 g Schweinemett
2 EL mittelscharfer Senf
2 Zwiebeln
2 Gewürzgurken
1 Stück Senfgurke
geschroteter Pfeffer
4 dicke Scheiben Roggenbrot
Butter

1. Das Schweinemett mit dem Senf mit einer Gabel vermischen. Die Zwieben abziehen und sehr fein würfeln.

2. Die Gewürzgurken und das Stück Senfgurke sehr fein würfeln und mit den Zwiebelwürfeln mischen. Die Hälfte der Zwiebel- und Gurkenwürfel mit viel Pfeffer unter das Mett arbeiten.

3. Das Brot mit Butter bestreichen. Das Mett auf den Broten verteilen und mit dem restlichen Gurkenwürfelgemisch garniert servieren.

Tip: Gemischten Salat dazu reichen.

Hackfleischröllchen

Für den Teig:
300 g Weizenmehl
1 Pck. Backpulver
125 g Speisequark
4 EL Milch
4 EL Speiseöl
1 Ei, 1 gestr. TL Salz

Für die Füllung:
1/2 Stange Porree (Lauch, etwa 50 g)
100 g Champignons (aus der Dose)
300 g Gehacktes (halb Rind-, halb Schweinefleisch)
1 EL Speiseöl
Salz
frisch gemahlener Pfeffer
Kondensmilch

1. Das Mehl mit dem Backpulver in eine Rührschüssel sieben. Den Quark, Milch, Öl, Ei und Salz hinzufügen, mit dem Handrührgerät mit Knethaken in 1 Minute zu einem glatten Teig verarbeiten.

2. Für die Füllung Porree putzen, waschen und in Streifen schneiden. Champignons abtropfen lassen, in Scheiben schneiden und alles mit Hackfleisch und Öl vermengen und mit Salz und Pfeffer abschmecken.

3. Den Teig ausrollen und in 10 Rechtecke (etwa 10 x 12 cm) schneiden.

4. Die Füllung auf den Rechtecken verteilen, den Teig aufrollen, mit der glatten Seite nach oben auf ein gefettetes Backblech legen, mit Kondensmilch bestreichen und in den Backofen schieben.

Ober-/Unterhitze: 180–200 °C (vorgeheizt)
Heißluft: 160–180 °C (vorgeheizt)
Gas: Stufe 3–4 (vorgeheizt)
Backzeit: etwa 20 Minuten.

Suppen + Eintöpfe

Suppe mit Fleischnocken (Foto)

- 200 g Spinat
- 30 g Rindermark
- 200 g Rinderhackfleisch
- 50 g geriebener Parmesan
- 50 g Semmelbrösel
- 1 EL weiche Butter
- 3 Eier
- frisch gemahlener Pfeffer
- Salz
- 2 l Fleischbrühe
- frische, gehackte Kräuter

1. Den Spinat gründlich waschen, in kochendem Wasser blanchieren, auf einem Sieb abtropfen lassen. Den ausgepreßten Spinat fein hacken.

2. Das Rindermark ebenfalls fein hacken.

3. Das Rinderhackfleisch, Spinat, Rindermark, Parmesan, Semmelbrösel, Butter und Eier mit den Händen zu einem weichen Teig verarbeiten, gut mit Pfeffer und Salz abschmecken.

4. Die Fleischbrühe zum Kochen bringen und die Fleischmasse durch ein Sieb mit großen Löchern in die Brühe geben, etwa 5 Minuten kochen lassen.

5. Die Brühe mit gehackten Kräutern bestreut servieren.

Chili con Carne

- 100 g durchwachsener Speck
- 2 Zwiebeln
- 1 Knoblauchzehe
- 300 g gehacktes Rindfleisch
- 2 EL Pflanzenöl
- Salz
- frisch gemahlener Pfeffer
- 1 kleine Chilischote
- 1 rote und 1 grüne Paprikaschote
- 1 kleine Dose (240 g) rote Kidneybohnen
- 1 kleine Dose (400 g) geschälte Tomaten
- 2 EL Tomatenmark
- Chilipulver nach Geschmack

1. Den Speck fein würfeln. Die Zwiebeln und den Knoblauch abziehen und ebenfalls würfeln.

2. Das Hackfleisch in heißem Öl in einer Pfanne anbraten, dabei öfters umrühren und die Fleischklümpchen mit einer Gabel zerdrücken. Zwiebel und Knoblauch, Salz, Pfeffer und die entkernte, gewaschene Chilischote hinzufügen.

3. Die Paprika halbieren, entkernen, waschen und würfeln. Dann zusammen mit den unabgetropften Bohnen, Tomaten und restlichen Zutaten hinzufügen. Das Gericht etwa 15 Minuten bei geringer Hitze zugedeckt fertig garen.

Beilage: Knuspriges Brot.

Mexikanische Bohnensuppe

2 Zwiebeln
je 1/2 gelbe, rote und grüne Paprikaschote
1 Stange Porree (Lauch)
1 rote Chilischote
3 EL Olivenöl
250 g Rindergehacktes
1 Knoblauchzehe
Salz
frisch gemahlener Pfeffer
gerebelter Oregano
Rosenpaprika
1 Btl. mexikanische Gewürzmischung
2–3 EL Tomatenmark
etwa 500 ml (1/2 l) Fleischbrühe
1 Dose Kidneybohnen (Einwaage 425 g)
1 Dose gebackene Bohnen (Einwaage 425 g)
2 EL gehackte Petersilie

1. Die Zwiebeln abziehen, halbieren und in Scheiben schneiden. Die Paprikaschoten vierteln, entstielen, entkernen, die weißen Scheidewände entfernen, die Schoten waschen und in Streifen schneiden.

2. Den Porree putzen, waschen und in Ringe schneiden. Die Chilischote halbieren, entstielen, entkernen, waschen und die Schote in kleine Stücke schneiden.

3. Das Öl in einem Topf erhitzen und die Zwiebelscheiben darin andünsten, das Rindergehackte dazugeben und bei mittlerer Hitze anbraten, bis es gebräunt ist, dabei die Fleischklümpchen mit einer Gabel zerdrücken.

4. Die Knoblauchzehe abziehen, durch eine Knoblauchpresse drücken und über das Gehackte geben. Mit Salz, Pfeffer, Oregano, Paprika und der mexikanischen Gewürzmischung würzen.

5. Tomatenmark, Paprikastreifen, Lauchringe und die Chilischote dazugeben und umrühren, die Brühe dazugießen und etwa 15 Minuten leicht kochen lassen.

6. Die abgetropften Kidneybohnen und die gebackenen Bohnen dazugeben, erhitzen und nochmals mit den Gewürzen kräftig abschmecken, mit gehackter Petersilie bestreuen.

Gemüseterrine mit Mettklößchen

(2 Portionen)

1 mittelgroße Zwiebel

1 Möhre

1 Stange Porree (Lauch)

200 g Kartoffeln

375 ml (3/8 l) heiße Gemüsebrühe

1 Lorbeerblatt

1 TL gehackter Rosmarin

1 TL gehackter Thymian

Salz

frisch gemahlener Pfeffer

geriebene Muskatnuß

200 g gewürztes Schweinemett

2 EL Semmelbrösel

1 Eigelb

3 EL gehackte Petersilie

1. Die Zwiebel abziehen, fein würfeln. Die Möhre putzen, schälen, waschen, in Würfel schneiden. Den Porree putzen, längs halbieren, gründlich waschen, in Streifen oder Ringe schneiden.

2. Die Kartoffeln schälen, waschen, in Würfel schneiden. Die Brühe zum Kochen bringen, das Gemüse hinzugeben und etwa 5 Minuten garen.

3. Die Kräuter hinzugeben und das Gemüse mit Salz, Pfeffer und Muskatnuß würzen.

4. Das Schweinemett mit Semmelbröseln, Eigelb und 2 Eßlöffeln Petersilie vermengen, dann Klößchen formen und in die kochende Gemüsesuppe geben, etwa 10 Minuten kochen lassen, nochmals mit den Gewürzen abschmecken.

5. Die Terrine mit der restlichen Petersilie bestreuen.

Spargel-Kerbel-Suppe mit Hackklößchen

200 g Tatar
2 EL Butter
1 Eigelb
Semmelbrösel
1 EL feingehackte Petersilie
Salz
frisch gemahlener Pfeffer
geriebene Muskatnuß
750 g Spargel
250 g Champignons
1 Bund Suppengrün
3 Frühlingszwiebeln
3 EL Butter
1 l Fleischbrühe
3 EL Crème fraîche
4 EL gehackte Kerbelblättchen

1. Das Tatar mit Butter, Eigelb, Semmelbröseln und Petersilie zu einer geschmeidigen Masse verkneten, mit Salz, Pfeffer, Muskatnuß würzen. Aus der Masse mit nassen Händen Klößchen formen.

2. Für die Suppe den Spargel schälen, die Enden abschneiden, den Spargel waschen, abtropfen lassen, in etwa 3 cm lange Stücke schneiden.

3. Die Champignons putzen, abreiben, evtl. waschen, in Scheiben schneiden.

4. Das Suppengrün und die Frühlingzwiebeln putzen, waschen, in feine Streifen schneiden. Die Butter zerlassen, Suppengrün- und Zwiebelstreifen darin leicht andünsten.

5. Die Fleischbrühe hinzugießen, zum Kochen bringen. Die Spargelstückchen darin zum Kochen bringen. Nach etwa 10 Minuten die Champignons und die Klößchen dazugeben, etwa 5 Minuten bei schwacher Hitze mitkochen lassen.

6. Die Crème fraîche unterrühren, die Kerbelblättchen über die Suppe geben.

Beilage: Toast, Butter.

Aus Topf und Pfanne

Kohlrouladen

1 1/2 kg Weißkohl

kochendes Salzwasser

Für die Füllung:

1 Brötchen

1 mittelgroße Zwiebel

1 Ei

375 g Gehacktes (halb Rind-, halb Schweinefleisch)

Salz

frisch gemahlener Pfeffer

50 g Margarine

etwa 250 ml (1/4 l) heiße Fleischbrühe

1 gestr. EL Speisestärke

2 EL kaltes Wasser

1. Von dem Weißkohl den Keil herausschneiden, den Kohl kurze Zeit in kochendes Salzwasser legen, bis sich die äußeren Blätter lösen, diesen Vorgang wiederholen, bis alle Blätter gelöst sind, abtropfen lassen. Die dicken Rippen flachschneiden.

2. Für die Füllung das Brötchen in kaltem Wasser einweichen, gut ausdrücken. Die Zwiebel abziehen und würfeln.

3. Die Zutaten mit dem Ei und dem Gehackten vermengen, mit Salz und Pfeffer abschmecken. Jeweils 2–3 Kohlblätter übereinander legen, einen Teil der Füllung darauf geben. Die Blätter aufrollen. Die Rouladen mit einem Faden umwickeln oder mit Rouladennadeln zusammenhalten.

4. Die Margarine erhitzen, die Rouladen von allen Seiten gut darin bräunen. Ewas heiße Brühe hinzugießen, die Rouladen 1 bis 1 1/2 Stunden schmoren lassen, von Zeit zu Zeit wenden. Verdampfte Flüssigkeit nach und nach durch Brühe ersetzen.

5. Wenn die Rouladen gar sind, die Fäden (Rouladennadeln) entfernen. Die Rouladen auf einer vorgewärmten Platte anrichten. Die Speisestärke mit dem Wasser anrühren, die Flüssigkeit damit binden, die Sauce mit Salz abschmecken.

Bologneser Sauce (Foto)

- 1 mittelgroße Zwiebel
- 1 Knoblauchzehe
- 1 mittelgroße Möhre
- 1 Stück Knollensellerie (100 g)
- 2 EL Speiseöl
- 250 g Rindergehacktes
- 1 Dose Tomaten (800 g)
- 2 EL Tomatenmark
- gerebelter Oregano
- gerebeltes Basilikum
- Salz
- frisch gemahlener Pfeffer
- 2–3 EL Rotwein

1. Die Zwiebel und die Knoblauchzehe abziehen. Die Möhre und den Knollensellerie schälen, waschen und alle vier Zutaten fein würfeln.

2. Das Speiseöl erhitzen, die Gemüsewürfel darin andünsten, das Rindergehackte hinzufügen und so lange anbraten, bis es krümelig ist.

3. Die Tomaten mit Saft und das Tomatenmark dazugeben, mit Oregano, Basilikum, Salz und Pfeffer würzen.

4. Die Sauce 15–20 Minuten schwach kochen lassen und mit Rotwein, Salz und Pfeffer abschmecken.

Bunte Hackpfanne

(3 Portionen)

- 1 rote Paprikaschote
- 1 gelbe Paprikaschote
- 100 grüne Bohnen
- 1 Zwiebel
- 1 Knoblauchzehe
- 1 rote Chilischote
- 400 g Rinderhackfleisch
- 2 EL Olivenöl
- Salz
- Chilipulver
- 1 Dose Tomaten (250 g)
- 1 Becher Vollmilchjoghurt (150 g)
- 1 Bund Petersilie

1. Das Gemüse putzen, waschen und grob zerkleinern. Die Zwiebel und die Knoblauchzehe abziehen und fein würfeln.

2. Die Chilischote halbieren, entkernen, waschen und kleinschneiden. Das Hackfleisch in heißem Öl krümelig braten, würzen.

3. Alles Gemüse und die abgetropften Tomaten zufügen und in der geschlossenen Pfanne 10 Minuten garen. Den Joghurt einrühren. Die Petersilie hacken und darüberstreuen.

Beigabe: Reis.

Cevapcici (Foto)

800 g Gehacktes (halb Rind-, halb Schweinefleisch)
2 Eier
Salz
frisch gemahlener Pfeffer
Paprika edelsüß
125 ml (1/8 l) Speiseöl

1. Das Gehackte mit Eiern vermengen und würzen. Aus der Masse fingergroße Rollen formen.

2. Das Öl erhitzen und die Röllchen darin etwa 5–7 Minuten braten oder grillen.

Beigabe: Krautsalat mit Paprika.

Hackfleisch-Kartoffel-Scheiben

750 g Kartoffeln
2 Eigelb
30 g Weizenmehl
30 g Semmelbrösel
1 gut geh. TL Speisestärke
Salz
geriebene Muskatnuß

Für die Füllung:

1 altbackenes Brötchen
50 g durchwachsener Speck
1 Zwiebel
250 g Gehacktes (halb Rind-, halb Schweinefleisch)
1 EL feingehackte Petersilie
1 Ei
150 ml Schlagsahne
frisch gemahlener Pfeffer
Paprika edelsüß
20 g Weizenmehl
40 g Pflanzenfett

1. Die Kartoffeln schälen, waschen, in Salzwasser zum Kochen bringen, in etwa 20 Minuten gar kochen lassen, abgießen, abdämpfen, sofort durch die Kartoffelpresse geben und erkalten lassen. Mit Eigelb, Mehl, Semmelbröseln und Speisestärke verrühren, mit Salz und Muskat würzen.

2. Für die Füllung das Brötchen in kaltem Wasser einweichen und gut ausdrücken. Den Speck würfeln und auslassen. Die Zwiebel abziehen, fein würfeln, mit Hackfleisch zu dem Speckfett geben und unter ständigem Rühren kurz anbraten, Petersilie dazugeben.

3. Die Hackfleischmasse, Brötchen, Ei und Sahne miteinander vermengen, mit Salz, Pfeffer, Muskat und Paprika abschmecken.

4. Den Kartoffelteig gut durchkneten und auf einem mit Mehl bestreuten Tuch etwa 1 cm dick zu einem Quadrat ausrollen.

5. Die Füllung gleichmäßig darauf verteilen. Den Teig mit Hilfe des Tuches fest aufrollen und in Scheiben schneiden.

6. Das Fett in einer Pfanne erhitzen und Hackfleisch-Kartoffel-Scheiben darin von beiden Seiten goldbraun braten.

Beigabe: Gemischter Salat.

Fleischbällchen in Mischgemüse (Foto)

- 500 g Möhren
- 500 g Chinakohl
- 1 Vollkornbrötchen
- 400 g mageres Rindergehacktes
- 1 Ei
- 1 TL Senf
- 100 g Magerquark
- 1 EL Oregano
- Paprika edelsüß
- geriebene Muskatnuß
- frisch gemahlener Pfeffer
- Salz
- 3 EL Speiseöl
- 30 g Margarine oder Butter
- 2 EL gehackte Petersilie

1. Die Möhren schälen. Den Chinakohl putzen, das Gemüse waschen, abgetropft in gleich große Streifen schneiden. Das Brötchen in kaltem Wasser einweichen.

2. Das Rindergehackte, das fest ausgedrückte Brötchen, Ei, Senf, Quark und Gewürze gut vermengen, nochmals kräftig abschmecken. Kleine Bällchen formen, in dem erhitzten Öl bei mittlerer Hitze von allen Seiten in etwa 10 Minuten braun braten. Die Fleischbällchen warm stellen.

3. Das Gemüse in dem restlichen Bratfett mit der Margarine oder Butter andünsten, würzen. Zugedeckt bei schwacher Hitze in 10–15 Minuten garen lassen, evtl. etwas Wasser dazugießen. Die Fleischbällchen und Petersilie untermischen, evtl. nochmals abschmecken.

Russischer Hackfleischtopf

- 1 dicke Zwiebel
- 2 EL Speiseöl
- 500 g Rinderhackfleisch
- 1 Stange Porree (Lauch)
- 1 Pck. (300 g) Tomatenpüree
- 200 ml Fleischbrühe
- 1 geh. TL Senf
- 1 geh. TL Paprika edelsüß
- Salz
- frisch gemahlener Pfeffer
- 1 Becher (150 g) saure Sahne

1. Die Zwiebel abziehen, fein würfeln, das Öl in einem Topf erhitzen und die Zwiebelwürfel darin dünsten.

2. Dann die Hitze erhöhen, das Hackfleisch in den Topf geben und unter Rühren so lange braten, bis es leicht braun und krümelig ist.

3. Den Porree putzen, in Streifen schneiden, waschen, mit Tomatenpüree, Brühe, Senf und Gewürzen zu dem Hackfleisch geben, zum Kochen bringen.

4. Den Hackfleischtopf etwa 15 Minuten bei schwacher Hitze garen, häufig umrühren.

5. Den Hackfleischtopf abschmecken. Die saure Sahne erst kurz vor dem Servieren darübergießen.

Beilage: Nudeln oder Reis.

Gefüllte Fleischbällchen

- 2 Brötchen
- 2 Zwiebeln
- 800 g Gehacktes (halb Rind-, halb Schweinefleisch)
- 1 EL Zitronensaft
- 2 Eier
- 2 EL gehackte Petersilie
- 1 EL gehackte Minze
- Salz
- frisch gemahlener Pfeffer
- 250 g Feta-Käse
- 4 EL Weizenmehl
- Ausbackfett oder Butterschmalz

1. Die Brötchen in kaltem Wasser einweichen, die Zwiebeln abziehen, fein würfeln. Die gut ausgedrückten Brötchen und die Zwiebelwürfel mit dem Gehackten, dem Zitronensaft und den Eiern zu einer geschmeidigen Masse verkneten.

2. Die Petersilie und Minze hinzufügen, den Fleischteig mit Salz und Pfeffer würzen. Mit einem Eßlöffel kleine Portionen von der Fleischmasse abteilen, mit bemehlten Händen flach drücken, ein Stück Feta-Käse daraufgeben und mit dem Fleischteig umhüllen.

3. Die Fleischbällchen leicht in Weizenmehl wenden. Das Ausbackfett bis zum Siedepunkt erhitzen, die Fleischbällchen portionsweise darin fritieren, auf Küchenpapier abtropfen lassen.

4. Oder das Butterschmalz in einer Pfanne erhitzen, die Fleischbällchen von allen Seiten darin braun braten lassen.

Beigabe: Brot oder Reis.

Quark-Fleisch-Bällchen

- 2 Zwiebeln
- 200 g Magerquark
- 400 g Gehacktes (halb Rind-, halb Schweinefleisch)
- 2 Eier
- Salz
- frisch gemahlener Pfeffer
- 40 g Semmelbrösel
- 40 g Butter oder Margarine
- 5 abgezogene Tomaten
- 2 EL Crème fraîche

1. Die Zwiebeln abziehen, fein würfeln. Den Quark gut abtropfen lassen.

2. Das Gehackte mit Eiern, Zwiebelwürfeln und Quark vermengen, mit Salz und Pfeffer abschmecken.

3. Aus der Masse mit nassen Händen 4 Frikadellen oder Klöße formen, in den Semmelbröseln wenden.

4. Die Butter oder Margarine erhitzen, die Frikadellen darin von jeder Seite etwa 5 Minuten braten, warm stellen.

5. Von den Tomaten die Stengelansätze und Kerne entfernen. Die Tomaten würfeln, 5–10 Minuten in dem Bratfett schmoren, die Crème fraîche unterrühren, mit Salz und Pfeffer abschmecken, dazu reichen.

Beilage: Kartoffelpüree.

Hackfleischbällchen in Kräutersahne

500 g Gehacktes (halb Rind-, halb Schweinefleisch)

2 Eier

4 EL Semmelbrösel

Salz

frisch gemahlener Pfeffer

1 l Rinderfond oder -brühe

Für die Kräutersahne:

50 g Butter

30 g Weizenmehl

1 Becher (250 ml) Schlagsahne

4 EL gehackte Kräuter (Schnittlauch, Dill, Petersilie)

2 EL Crème double

1. Das Gehackte mit Eiern, Semmelbröseln, Salz und Pfeffer gut mischen. Zu Bällchen formen und im Rinderfond etwa 10 Minuten garen. Die Bällchen aus dem Fond nehmen und warm stellen, Fond durch ein Sieb geben und auffangen.

2. Die Butter zerlassen, das Mehl unter Rühren so lange darin anschwitzen, bis es hellgelb ist. Mit 500 ml (1/2 l) Rinderfond auffüllen, 5 Minuten kochen lassen.

3. Mit Sahne auffüllen, um ein Drittel einkochen lassen, würzen, Kräuter unterrühren.

4. Die Sauce mit Crème double verfeinern und die Hackfleischbällchen nochmals darin erhitzen.

Tip: Mit Reis und grünem Blattsalat servieren.

Kapernklöße in pikanter Nudelsauce

- 1 altbackenes Brötchen
- 1 Zwiebel
- 500 g Gehacktes (halb Rind-, halb Schweinefleisch)
- 1 Ei
- 50 g Kapern (aus dem Glas)
- Salz
- frisch gemahlener Pfeffer
- geriebene Muskatnuß
- 500 ml (1/2 l) Fleischbrühe
- 4 EL Speiseöl
- 1 Gemüsezwiebel
- 3 Fleischtomaten
- 2 EL Weizenmehl
- 375 g Nudeln
- Petersiliensträußchen

1. Das Brötchen in kaltem Wasser einweichen. Die Zwiebel abziehen und fein würfeln. Das Gehackte mit dem gut ausgedrückten Brötchen, Zwiebeln und Ei vermengen.

2. Die Kapern gut abtropfen lassen, zu dem Fleischteig geben und mit Salz, Pfeffer und Muskat abschmecken. Aus der Masse mit nassen Händen acht gleich große Klöße formen.

3. Die Brühe zum Kochen bringen und die Fleischklöße darin 10 Minuten ziehen lassen. Die Klöße herausnehmen und warm stellen. 250 ml (1/4 l) von der Brühe abmessen.

4. Das Öl erhitzen, Gemüsezwiebel abziehen, in Würfel schneiden, darin andünsten. Fleischtomaten enthäuten, die Stengelansätze entfernen, Tomaten in Würfel schneiden, hinzufügen und andünsten.

5. Mit Mehl bestäuben, mit der abgemessenen Brühe auffüllen und aufkochen lassen. Mit den Gewürzen abschmecken.

6. Die Nudeln nach Packungsanleitung garen, auf ein Sieb geben und abtropfen lassen.

7. Die Nudeln mit den Klößen und der Sauce anrichten und mit den Petersiliensträußchen garnieren.

Königsberger Klopse

Für die Klopse:

- 1 altbackenes Brötchen
- 1 mittelgroße Zwiebel
- 500 g Gehacktes (halb Rind-, halb Schweinefleisch)
- 1 Eiweiß
- 1 Ei
- 2 gestr. TL Senf
- Salz
- frisch gemahlener Pfeffer
- 750 ml (3/4 l) kochende Fleischbrühe

Für die Sauce:

- 30 g Butter oder Margarine
- 35 g Weizenmehl
- 1 Eigelb
- 2 EL kalte Milch
- 1 EL abgetropfte Kapern
- Speisewürze
- Zitronensaft

1. Für die Klopse das Brötchen in kaltem Wasser einweichen und gut ausdrücken. Die Zwiebel abziehen und fein würfeln. Das Gehackte mit Brötchen, Zwiebel, Eiweiß, Ei und Senf vermengen, mit Salz und Pfeffer abschmecken.

2. Aus der Masse mit nassen Händen Klopse formen, in die kochende Fleischbrühe geben, zum Kochen bringen, abschäumen und in 10–15 Minuten gar ziehen lassen (Brühe muß sich leicht bewegen).

3. Die Brühe durch ein Sieb gießen und 500 ml (1/2 l) davon abmessen.

4. Für die Sauce Butter oder Margarine zerlassen, das Mehl unter Rühren so lange darin erhitzen, bis es hellgelb ist, Fleischbrühe hinzugießen, mit einem Schneebesen durchschlagen, darauf achten, daß keine Klumpen entstehen. Sauce zum Kochen bringen und etwa 5 Minuten kochen lassen.

5. Das Eigelb mit Milch verschlagen und die Sauce damit abziehen (nicht mehr kochen lassen). Kapern hinzufügen, mit Salz, Pfeffer, Speisewürze und Zitronensaft abschmecken. Die Klopse in die Sauce geben und 5 Minuten darin ziehen lassen.

Beigabe: Salzkartoffeln, Rote Bete.

Zigeuner-Klößchen mit Risi-Bisi

Für das Risi-Bisi:

- 1 Zwiebel
- 2 EL Butter
- 200 g italienischer Rundkornreis
- 500 ml (1/2 l) Gemüsebrühe
- 150 g TK-Erbsen

Für die Zigeunerklößchen:

- 1 Zwiebel
- 1/2 Bund glatte Petersilie
- 600 g Rinderhackfleisch
- 50 g Semmelbrösel
- 1 Ei
- 1 Eigelb
- Salz
- frisch gemahlener Pfeffer
- 4 EL Speiseöl

Für die Sauce:

- 1 kleine rote Paprikaschote
- 1 Zwiebel
- 3 EL Olivenöl
- 1 EL Tomatenmark
- 1 kleine Dose (400 g) geschälte Tomaten
- 125 ml (1/8 l) Gemüsebrühe
- Oregano, gerebelt
- Cayennepfeffer

1. Für das Risi-Bisi die Zwiebel abziehen, in Würfel schneiden, in der zerlassenen Butter andünsten. Den Reis hinzufügen, glasig dünsten, 1/3 der Brühe hinzugeben, zum Kochen bringen, quellen lassen, bis fast die gesamte Flüssigkeit aufgesogen ist, dann nach und nach die restliche Brühe hinzufügen. Den Reis in etwa 25 Minuten ausquellen lassen.

2. Etwa 5 Minuten vor Ende der Garzeit die Erbsen hinzufügen, fertiggaren und den Reis warm stellen.

3. Für die Klößchen die Zwiebel abziehen, fein würfeln. Die Petersilie abspülen, fein schneiden. Die 3 Zutaten mit Hackfleisch, Semmelbröseln, Ei und Eigelb mischen, mit Salz und Pfeffer würzen.

4. Das Öl erhitzen. Aus dem Fleischteig kleine Klößchen formen, in dem erhitzten Öl in etwa 5 Minuten von allen Seiten braten, warm stellen.

5. Für die Sauce die Paprikaschote halbieren, entkernen, die weißen Scheidewände entfernen, Schoten waschen und in feine Würfel schneiden. Die Zwiebel abziehen, würfeln, in erhitztem Öl andünsten. Tomatenmark und Tomaten hinzufügen, dabei die Tomaten mit einer Gabel zerkleinern. Brühe hinzugeben und zum Kochen bringen, etwa 10 Minuten kochen lassen.

6. Die Sauce mit Salz, Pfeffer, Oregano und Cayennepfeffer würzen, die Klößchen darin erwärmen, mit Risi-Bisi servieren.

Aus dem Ofen

Badischer Nudeltraum

2 EL Speiseöl	
400 g Rinderhackfleisch	
2 Zwiebeln	
Salz	
frisch gemahlener Pfeffer	
2,5 l Salzwasser	
250 g Bandnudeln	
1 EL Speiseöl	
250 g Brokkoli	
250 ml (1/4 l) Hühnerbrühe	
3 Tomaten	
2–3 EL geriebener, mittelalter Gouda	
40 g Butter	

1. Das Speiseöl erhitzen, Rinderhackfleisch hinzufügen, unter ständigem Rühren darin anbraten, dabei die Fleischklümpchen mit einer Gabel zerdrücken.

2. Die Zwiebeln abziehen, fein würfeln, zum Fleisch geben, 2–3 Minuten mitbraten, würzen.

3. Das Salzwasser zum Kochen bringen, Bandnudeln hineingeben, Speiseöl hinzufügen, die Nudeln nach der Anleitung garen. Sobald die Nudeln gar sind, die Nudeln auf ein Sieb geben, abtropfen lassen.

4. Vom Brokkoli die Blätter und dicken Stiele entfernen, den Brokkoli waschen, abtropfen lassen, in Röschen teilen, die Röschen halbieren. Die Hühnerbrühe zum Kochen bringen, den Brokkoli 5 Minuten darin garen, auf ein Sieb geben, abtropfen lassen, die Brühe auffangen.

5. Die Tomaten kurze Zeit in kochendes Wasser legen (nicht kochen lassen), in kaltem Wasser abschrecken, enthäuten, die Stengelansätze herausschneiden und die Tomaten in Scheiben schneiden.

6. Das Fleisch und 2/3 der Nudeln in eine gefettete Auflaufform füllen, darauf Brokkoliröschen und Tomatenscheiben geben, mit Salz, Pfeffer würzen, Brühe dazugießen, die restlichen Nudeln darauf geben. Den Auflauf mit Gouda und Butterflocken bestreuen, die Form in den Backofen schieben.

Ober-/Unterhitze: etwa 200 °C (vorgeheizt)
Heißluft: etwa 180 °C (vorgeheizt)
Gas: Stufe 3–4 (vorgeheizt)
Backzeit: etwa 25 Minuten.

Badische
Hausgemachte

Cannelloni Rosanella

(2–3 Portionen)

Für die Füllung:

1 Brötchen

250 g Gehacktes (halb Rind-, halb Schweinefleisch)

Salz

frisch gemahlener Pfeffer

gerebelter Oregano

gerebelter Thymian

etwa 125 g Cannelloni

Für die Sauce:

2 Becher (à 150 g) Crème fraîche

150 ml Milch

Salz

frisch gemahlener Pfeffer

Speisewürze

gehackte Basilikumblättchen

2–3 EL geriebener Parmesan

Butter

1. Für die Füllung das Brötchen in kaltem Wasser einweichen, gut ausdrücken und mit dem Gehackten vermengen. Die Masse mit Salz, Pfeffer, Oregano und Thymian würzen. Die Cannelloni damit füllen (am besten mit Hilfe eines Spritzbeutels oder eines Rührlöffelstiels) und nebeneinander in eine gefettete viereckige Auflaufform legen.

2. Für die Sauce die Crème fraîche mit Milch verrühren, mit Salz, Pfeffer, Speisewürze und gehackten Basilikumblättchen abschmecken, über die Cannelloni gießen (sie müssen ganz mit der Sauce bedeckt sein) und mit geriebenem Parmesan bestreuen.

3. Die Butter in Flöckchen darauf setzen. Die Pfanne auf dem Rost in den Backofen schieben.

Ober-/Unterhitze: 180–200 °C (vorgeheizt)
Heißluft: 160–180 °C (vorgeheizt)
Gas: Stufe 3–4 (vorgeheizt)
Backzeit: etwa 30 Minuten.

Hügelgratin

1 kg Rosenkohl
1 kg kleine festkochende Kartoffeln
50 g Butter
Salz
frisch gemahlener Pfeffer
geriebene Muskatnuß
1 Zwiebel
500 g Rinderhackfleisch
200 g Magerquark
1 Ei
1 Knoblauchzehe
300 g Crème fraîche
125 ml (1/8 l) Milch
Butter oder Margarine

1. Den Rosenkohl von den schlechten äußeren Blättern befreien, etwas vom Strunk abschneiden, die Rosenkohlröschen am Strunk kreuzförmig einschneiden, waschen, abtropfen lassen.

2. Die Kartoffeln waschen, schälen, evtl. etwas kleiner schneiden, so daß sie die Größe der Rosenkohlröschen haben.

3. Die Butter in einer großen Pfanne zerlassen. Rosenkohl und Kartoffeln darin unter häufigem Wenden etwa 15 Minuten dünsten, mit Salz, Pfeffer, etwas Muskat bestreuen.

4. Die Zwiebel abziehen und fein würfeln. Aus Hackfleisch, Magerquark, Ei und Zwiebelwürfeln einen Teig kneten. Den Knoblauch abziehen und fein hacken. Die Hälfte davon unter das Fleisch mengen.

5. Die Fleischmasse mit Salz und Pfeffer kräftig abschmecken. Bällchen von der Größe des Rosenkohls formen. Den restlichen Knoblauch unter die Crème fraîche ziehen und mit der Milch verrühren, mit Salz, Pfeffer und Muskatnuß würzen.

6. In eine gefettete, flache Auflaufform Kartoffeln, Rosenkohl und Fleischklößchen dicht an dicht in buntem Wechsel setzen und mit der Crème-fraîche-Milch begießen. Die Form in den Backofen schieben.

Ober-/Unterhitze: etwa 200 °C (vorgeheizt)
Heißluft: etwa 180 °C (nicht vorgeheizt)
Gas: etwa Stufe 4 (vorgeheizt)
Backzeit: 50–60 Minuten.

Italienischer Hackbraten (Foto)

- 1 Brötchen (vom Vortag)
- 1 Zwiebel
- 2 Knoblauchzehen
- 600 g Gehacktes (halb Rind-, halb Schweinefleisch)
- 2 Eier
- 2 EL Tomatenmark, Salz
- Pfeffer, Paprika, edelsüß
- gerebelter Oregano
- 1 Töpfchen Basilikum
- 200 g Schafskäse
- 8 Scheiben durchwachsener Speck (120 g)
- 125 ml (1/8 l) Rotwein

1. Das Brötchen einweichen und gut ausdrücken. Zwiebel und Knoblauch abziehen, würfeln, mit dem Brötchen, Gehacktem, Eiern und Tomatenmark vermengen. Mit Salz, Pfeffer, Paprika und Oregano würzen.

2. Das Basilikum abspülen, trockentupfen, in feine Streifen schneiden. Schafskäse in kleine Würfel schneiden, unter den Hackbraten geben, zu einem ovalen Braten formen. Speckscheiben darauf legen. Hackbraten in einen Bräter legen und Rotwein angießen.

Ober-/Unterhitze: etwa 200 °C (vorgeheizt)
Heißluft: etwa 180 °C (nicht vorgeheizt)
Gas: Stufe 3–4 (vorgeheizt)
Bratzeit: etwa 50 Minuten.

3. Evtl. mit etwas Wasser auffüllen. Den garen Hackbraten etwa 10 Minuten ruhen lassen, in Scheiben schneiden.

Geschichteter Hackbraten mit Paprika

- 1 Brötchen (vom Vortag)
- je 1 rote, grüne und gelbe Paprikaschote
- Salz
- 2 mittelgroße Zwiebeln
- 750 g gemischtes Hackfleisch
- 1 Ei
- 1 TL mittelscharfer Senf
- Pfeffer, Paprika edelsüß
- 400 g Kirschtomaten
- 1 Bund Petersilie
- 1 Bund Schnittlauch
- 2 Pck. „Feine helle Sauce Holländischer Art" (je 1/4 l)

1. Das Brötchen einweichen. Die Paprika putzen, waschen und vierteln. Je ein Paprikaviertel fein würfeln. Die restlichen Paprikaviertel in Salzwasser etwa 10 Minuten kochen, abtropfen lassen. Zwiebeln abziehen, würfeln.

2. Hackfleisch, Ei, Brötchen, Zwiebeln, Senf, Salz, Pfeffer und Paprika mit dem Handrührgerät mit Knethaken verkneten, in 4 Portionen teilen.

3. Eine Portion in eine gefettete Kastenform drücken und je eine Schicht rote, grüne und gelbe Paprika und Hackfleisch einschichten.
1 1/4 Stunden in den Ofen schieben (Ober-/Unterhitze: 200 °C, Heißluft: 180 °C, Gas: Stufe 4).

4. Die gewürfelte Paprika etwa 15 Minuten vor Ende der Backzeit auf den Hackbraten streuen. Tomaten waschen, vierteln oder halbieren. Die Kräuter waschen und trockentupfen. Petersilie fein hacken, Schnittlauch in Röllchen schneiden.

5. Saucenpulver in 500 ml lauwarmes Wasser rühren, aufkochen. Mit Pfeffer würzen. Kräuter und Tomaten hineingeben, anrichten und servieren.

Lasagne mit Basilikum

(6 Portionen)

Für die Fleischsauce:

1–2 EL Speiseöl

500 g Gehacktes (halb Rind-, halb Schweinefleisch)

200 g Zwiebeln

2–3 Knoblauchzehen

1 Dose (70 g) Tomatenmark

250 ml (1/4 l) Wasser (oder halb Wasser, halb Rotwein)

Salz

frisch gemahlener Pfeffer

Paprika edelsüß

1/2 Bund Basilikum

Für die Käsesauce:

40 g Butter oder Margarine

40 g Weizenmehl

625 ml Milch

150–200 g geriebener mittelalter Gouda

Salz

frisch gemahlener Pfeffer

geriebene Muskatnuß

1 kg Fleischtomaten

1/2 Bund Basilikum

etwa 30 g grüne Lasagne-Nudeln

1. Für die Fleischsauce das Öl erhitzen, das Gehackte hinzufügen, unter Rühren anbraten, dabei die Fleischklümpchen mit einer Gabel zerdrücken. Die Zwiebeln und Knoblauch abziehen, würfeln, zu dem Gehackten geben, mitdünsten lassen.

2. Das Tomatenmark mit Wasser (oder Wasser mit Wein) unterrühren, mit Salz, Pfeffer, Paprika würzen. Das Basilikum vorsichtig abspülen, trockentupfen, die Blättchen von den Stielen zupfen, zu dem Gehackten geben. Etwa 15 Minuten schmoren lassen, evtl. nochmals mit Salz, Pfeffer, Paprika abschmecken.

3. Für die Käsesauce Butter oder Margarine zerlassen, das Mehl unter Rühren so lange darin erhitzen, bis es hellgelb ist. Die Milch hinzugießen, mit einem Schneebesen durchschlagen (darauf achten, daß keine Klumpen entstehen), zum Kochen bringen. 2/3 von dem Käse unterrühren, etwa 5 Minuten kochen lassen, mit Salz, Pfeffer, Muskat abschmecken.

4. Die Tomaten kurze Zeit in kochendes Wasser legen (nicht kochen lassen), in kaltem Wasser abschrecken, enthäuten, die Stengelansätze herausschneiden, die Tomaten in Scheiben schneiden. Das Basilikum vorsichtig abspülen, trockentupfen, die Blättchen von den Stielen streifen, die Blättchen hacken.

5. Eine Fettfangschale oder eine große viereckige Form ausfetten, abwechselnd jeweils einen Teil Lasagne-Nudeln, Fleischsauce, Tomatenscheiben (mit Pfeffer und gehacktem Basilikum bestreut), Käsesauce einschichten (die oberste Schicht sollte aus Käsesauce bestehen) und auf dem Rost in den Backofen schieben.

Ober-/Unterhitze: 200–220 °C (vorgeheizt)
Heißluft: 180–200 °C (nicht vorgeheizt)
Gas: Stufe 4–5 (vorgeheizt)
Backzeit: etwa 40 Minuten.

Beigabe: Grüner Salat.

Moussaka, klassisch

- 3 mittelgroße Auberginen
- Salz
- 8 mittelgroße Tomaten
- 150 ml Olivenöl
- 2 mittelgroße Zwiebeln
- 600 g Gehacktes (Lamm- oder Rindfleisch)
- frisch gemahlener Pfeffer
- gerebelter Oregano
- gerebelter Thymian
- gerebeltes Basilikum
- 2 Knoblauchzehen
- 1 EL gehackte Petersilie
- 300 g Joghurt
- 125 ml (1/8 l) Milch
- 2 Eier
- 150 g geriebener, mittelalter Gouda

1. Die Auberginen waschen, die Stengelansätze abschneiden. Die Auberginen in 1 cm dicke Scheiben schneiden, mit Salz bestreuen, etwa 30 Minuten ziehen lassen.

2. Die Tomaten kurze Zeit in kochendes Wasser legen (nicht kochen lassen), in kaltem Wasser abschrecken, enthäuten. Die Stengelansätze herausschneiden. Die Tomaten in Scheiben schneiden.

3. Die Auberginen trockentupfen. Das Öl in einer Pfanne erhitzen, die Auberginenscheiben portionsweise darin von beiden Seiten anbraten, auf Küchenpapier abtropfen lassen.

4. Die Zwiebeln abziehen, würfeln, das restliche Öl in der Pfanne erhitzen, die Zwiebelwürfel darin andünsten.

5. Das Gehackte hinzufügen, unter ständigem Rühren darin anbraten. Die Fleischklümpchen dabei etwas zerdrücken. Das Gehackte mit Salz, Pfeffer, Oregano, Thymian, Basilikum würzen, etwa 5 Minuten schmoren lassen.

6. Die Knoblauchzehen abziehen, zerdrücken, unterrühren. Die Hälfte der Auberginen in eine gefettete Auflaufform (25 x 30 cm) geben, mit Salz, Pfeffer und Petersilie bestreuen. Die Hälfte der Tomatenscheiben darauf geben, das Fleisch darauf verteilen.

7. Den Joghurt mit Milch und Eiern verrühren, über die Zutaten gießen. Den Gouda darüberstreuen. Die Form auf dem Rost in den Backofen schieben.

Ober-/Unterhitze: 200–220 °C (vorgeheizt)
Heißluft: 180–200 °C (vorgeheizt)
Gas: Stufe 4–5 (vorgeheizt)
Backzeit: etwa 35 Minuten.

Beilage: Stangenweißbrot.

Gefüllte Gurken

(2 Portionen)

1 Salatgurke (etwa 500 g)
Salz
200 g Schweinemett
1 mittelgroße Zwiebel
2 EL Semmelbrösel
1 Eigelb
2 EL gehackte Petersilie
frisch gemahlener Pfeffer
gehackter Majoran
gehackter Thymian
1 mittelgroße Zwiebel
1 Stange Porree (Lauch)
1 Stück Sellerie
1 Möhre
2 EL Margarine
100 ml Weißwein

Für die Sauce:

150 ml Gemüsebrühe
3 EL Crème fraîche
heller Saucenbinder
Salz
frisch gemahlener Pfeffer
Dillzweige

1. Die Salatgurke abspülen, trockentupfen. Die Gurke halbieren, vorsichtig mit einem Löffel das Kerngehäuse herauslösen. Das Fruchtfleisch mit Salz bestreuen.

2. Das Schweinemett in eine Schüssel geben. Die Zwiebel abziehen, fein hacken, mit Semmelbröseln, Eigelb und Petersilie zum Fleisch geben, alles gut miteinander vermengen.

3. Das Schweinemett mit Salz, Pfeffer, Majoran, Thymian würzen. Die Masse in die Gurkenhälften füllen. Die Zwiebel abziehen, fein würfeln.

4. Den Porree putzen, längs halbieren, gründlich waschen, in Streifen schneiden. Den Sellerie schälen, waschen, in Streifen schneiden. Die Möhre putzen, schälen, abspülen, in feine Würfel schneiden.

5. Das Gemüse mit Margarine erhitzen. Das Gemüse andünsten, in eine Auflaufform geben. Die Gurkenhälften darauf setzen, den Wein zugießen. Die Form auf dem Rost in den Backofen schieben.

Ober-/Unterhitze: etwa 200 °C (vorgeheizt)
Heißluft: etwa 180 °C (vorgeheizt)
Gas: etwa Stufe 4 (vorgeheizt)
Backzeit: etwa 40 Minuten.

6. Die Brühe mit Crème fraîche erhitzen, nach Belieben mit Saucenbinder binden, mit Salz und Pfeffer würzen. Den Dill abspülen, trockentupfen, fein schneiden und unterrühren.

Falscher Hase

2 Brötchen
2 mittelgroße Zwiebeln
750 g Hackfleisch (halb Rind-, halb Schweinefleisch)
2 Eier
1 geh. TL Senf
1 EL gehackte Petersilie
Salz
frisch gemahlener Pfeffer
40 g durchwachsener Speck
heiße Fleischbrühe
1 mittelgroße Zwiebel
1 mittelgroße Tomate
30 g Weizenmehl
3 EL kaltes Wasser
Pilz-Soja-Sauce (Asia-Laden)

1. Die Brötchen in kaltem Wasser einweichen. Die Zwiebeln abziehen, fein würfeln.

2. Das Hackfleisch mit den gut ausgedrückten Brötchen, den Zwiebelwürfeln, Eiern, Senf, Petersilie vermengen, salzen und pfeffern.

3. Aus der Masse mit nassen Händen einen länglichen Kloß formen und in eine mit Wasser ausgespülte Rostbratpfanne legen.

4. Den Speck in feine Streifen schneiden, den Kloß damit belegen, gut mit einem Messer eindrücken und in den Backofen schieben.

Ober/Unterhitze: 200–220 °C (vorgeheizt)
Heißluft: 180–200 °C (nicht vorgeheizt)
Gas: Stufe 4–5 (vorgeheizt)
Backzeit: etwa 1 Stunde.

5. Sobald der Bratensatz bräunt, etwas heiße Brühe hinzugießen, das Fleisch ab und zu mit dem Bratensatz begießen, verdampfte Flüssigkeit nach und nach durch Brühe ersetzen.

6. Zwiebel abziehen, Tomate waschen und beide Zutaten vierteln. 30 Minuten vor Beendigung der Bratzeit in die Rostbratpfanne geben, mitbraten lassen.

7. Den garen Braten in Scheiben schneiden, auf einer vorgewärmten Platte anrichten, warm stellen. Den Bratensatz mit etwas Wasser loskochen, durch ein Sieb streichen, mit Wasser auf 500 ml (1/2 l) auffüllen und auf der Kochstelle zum Kochen bringen.

8. Das Mehl mit kaltem Wasser anrühren, die Flüssigkeit damit binden, 5 Minuten kochen lassen, die Sauce mit Salz, Pfeffer, Pilz-Soja-Sauce abschmecken.

Tip: Als Füllung weichgekochte Eier oder Möhren verwenden.

Portugiesischer Hackbraten

- 500 g Gehacktes (halb Rind-, halb Schweinefleisch)
- 1 altbackenes Brötchen
- 1 mittelgroße Zwiebel
- einige Zweige Petersilie
- 1 Knoblauchzehe
- 1 TL Salz
- 3 Sardellenfilets
- 2 EL Kapern
- 1 Ei
- 40 g Semmelbrösel
- frisch gemahlener Pfeffer
- Paprika, edelsüß
- Kümmelpulver
- 50 g durchwachsener, geräucherter Speck
- 30 g Butterschmalz
- 1 große Zwiebel
- 1 Stange Porree (Lauch)
- 1 Möhre
- 125 ml (1/8 l) Rotwein
- Kräuter

1. Das Gehackte in eine Schüssel geben. Das Brötchen in kaltem Wasser einweichen, gut ausdrücken, zum Fleisch geben. Die Zwiebel abziehen, sehr fein würfeln. Die Petersilie abspülen, fein hacken.

2. Die Knoblauchzehe abziehen, mit dem Salz zu einer Paste zerreiben.

3. Die Sardellenfilets unter fließendem kaltem Wasser abspülen, trockentupfen, fein würfeln. Zwiebelwürfel, Petersilie, Knoblauchpaste und Sardellenwürfel mit den Kapern, Ei und Semmelbröseln zu dem Fleisch geben, mit Pfeffer, Paprika und Kümmel würzen. Alles gut miteinander vermengen. Die Masse mit feuchten Händen zu einem Laib formen.

4. Den Speck in kleine Würfel schneiden, mit Butterschmalz in einem Bräter zerlassen.

5. Die Zwiebel abziehen, fein würfeln. Den Porree putzen, längs halbieren, gründlich waschen, in Stücke schneiden. Die Möhre putzen, schälen, waschen, in Scheiben schneiden. Den Hackbraten in den Bräter geben, in den Backofen schieben.

Ober-/Unterhitze: etwa 200 °C (vorgeheizt)
Heißluft: etwa 180 °C (nicht vorgeheizt)
Gas: etwa Stufe 4 (vorgeheizt)
Backzeit: etwa 1 Stunde.

6. Nach etwa 20 Minuten etwas Rotwein zugeben, dann das vorbereitete Gemüse dazugeben und mitschmoren lassen. Nach weiteren 20 Minuten den Rest des Rotweins dazugeben und fertig garen (nochmals etwa 20 Minuten). Den Braten mit Kräuterzweigen garniert servieren.

Hackbraten mit Eiern

2 altbackene Brötchen
2 mittelgroße Zwiebeln
750 g Gehacktes (halb Rind-, halb Schweinefleisch)
3 Eier
1 EL Senf
Salz
frisch gemahlener Pfeffer
geriebene Muskatnuß
Butter oder Margarine
3 hartgekochte Eier

Für die Sauce:

250 g Rote Bete
1 mittelgroße Zwiebel
40 g Butter oder Margarine
250 ml (1/4 l) Fleischbrühe
250 ml (1/4 l) Schlagsahne

1. Die Brötchen in kaltem Wasser einweichen, gut ausdrücken. Die Zwiebeln abziehen, fein würfeln.

2. Das Gehackte mit dem Brötchen, den Zwiebelwürfeln, Eiern und Senf vermengen, mit Salz, Pfeffer und Muskatnuß würzen.

3. Die Hälfte der Hackfleischmasse in eine mit Butter oder Margarine gefettete Kastenform (30 x 12 cm) füllen. Die Eier pellen, längs in die Mitte der Kastenform legen. Die restliche Hackfleischmasse darauf verteilen, glattstreichen. Die Form auf dem Rost in den Backofen schieben.

Ober-/Unterhitze: etwa 200 °C (vorgeheizt)
Heißluft: etwa 180 °C (nicht vorgeheizt)
Gas: etwa Stufe 4 (vorgeheizt)
Bratzeit: etwa 1 Stunde.

Den garen Hackbraten kurze Zeit ruhen lassen, auf eine Platte stürzen.

4. Für die Sauce die Rote Bete putzen, unter fließendem kaltem Wasser sorgfältig bürsten, schälen, etwa 2/3 der Roten Bete grob, etwa 1/3 fein raspeln.

5. Die Zwiebel abziehen, fein würfeln. Butter oder Margarine zerlassen, die grob geraspelte Rote Bete und die Zwiebelwürfel darin andünsten.

6. Die Fleischbrühe hinzugießen, etwa 15 Minuten kochen lassen, das Gemüse pürieren. Die Sahne hinzugießen, etwas einkochen lassen. Die fein geraspelte Rote Bete hinzufügen, in 10–15 Minuten gar ziehen lassen, mit Salz und Pfeffer würzen.

Hackfleisch gegrillt und fritiert

Lammfrikadellen (Foto)

- 350 g Lammhackfleisch
- 250 g Rinderhackfleisch
- 1 rote Zwiebel
- 2 Knoblauchzehen
- 1 EL Thymianblättchen
- 1 EL gehackte Pimpinelle
- 1 EL gehackter Borretsch
- 1 EL gehackte Petersilie
- 2 kleine Eier
- 3 EL Haferflocken
- frisch gemahlener Pfeffer
- Salz
- Olivenöl

1. Das Lamm- und das Rinderhackfleisch miteinander vermengen. Die Zwiebel und die Knoblauchzehen abziehen und fein hacken.

2. Thymianblättchen, Pimpinelle, Borretsch und Petersilie mit Fleisch, Eiern und Haferflocken gut vermengen, mit Pfeffer und Salz würzen.

3. Aus der Fleischmasse mit nassen Händen acht Frikadellen formen, auf einer Seite mit Öl bestreichen.

4. Mit der bestrichenen Seite nach unten auf den heißen Grillrost oder auf geölte Alufolie legen, etwa 5 Minuten grillen, wenden und in weiteren 10 Minuten schön braun grillen.

Tip: Lammfrikadellen können im Sommer auch auf dem Holzkohlengrill zubereitet werden.

Gegrillte Hackfleischröllchen mit Kapern

- 1 Zwiebel
- 2 EL Speiseöl
- 375 g Rindergehacktes
- 125 g feines Bratwurstbrät
- 1 Ei
- Salz
- frisch gemahlener Pfeffer
- 20 g zerkleinerte Kapern

1. Die Zwiebel abziehen, fein würfeln, in dem Öl andünsten, mit Rindergehacktem, Bratwurstbrät und Ei vermengen, mit Salz und Pfeffer abschmecken.

2. Die Kapern untermengen. Die Masse zu Röllchen formen, auf eine geölte Alufolie legen, unter dem vorgeheizten Grill 8–10 Minuten grillen, zwischendurch wenden.

Bulgarische Kräuterspieße

- 400 g Hackfleisch (halb Lamm-, halb Schweinefleisch)
- 1 Ei
- 1 EL Vollkornsemmelbrösel
- 1 Zwiebel
- 1 Knoblauchzehe
- 2 TL Paprika edelsüß
- Salz
- frisch gemahlener Pfeffer
- je 1 grüne und rote Paprikaschote (etwa 250 g)
- 150 g feste, braune Egerlinge
- 1 Zwiebel
- 8 Zitronenmelisseblättchen
- 8 Kerbelstielchen
- 8 Pimpinelleblättchen
- 4 frische Thymianzweige
- 3 EL Maiskeimöl

1. Das Hackfleisch mit Ei und Semmelbröseln vermengen. Die Zwiebel und den Knoblauch abziehen, fein würfeln, zu der Fleischmasse geben, gut vermengen, mit Paprika, Salz und Pfeffer würzen.

2. Aus dem Teig mit nassen Händen 16 Bällchen formen. Paprikaschoten halbieren, entstielen, entkernen, die weißen Scheidewände entfernen, die Schoten waschen, in Achtel schneiden und diese nochmals quer halbieren.

3. Die Egerlinge putzen, mit Küchenpapier abreiben, evtl. waschen und vierteln. Die Zwiebel abziehen, in Achtel schneiden und diese nochmals quer halbieren.

4. Die Zitronenmelisseblättchen, Kerbelstielchen, Pimpinelleblättchen und Thymianzweige abspülen und trockentupfen. Die Fleischbällchen abwechselnd mit den Paprika- und Pilzstücken sowie den Zwiebelstücken und den Kräutern auf Spieße stecken, mit Maiskeimöl bestreichen, auf den heißen Grillrost legen und von jeder Seite 8–10 Minuten grillen.

Beilage: Knuspriges Stangenweißbrot mit Knoblauchbutter, gebratene Auberginen.

Tip: Wer den Geschmack von Lammfleisch nicht schätzt, kann diese Kräuterspieße auch mit einer Mischung von Rinder- und Schweine-Hackfleisch zubereiten. Ausgezeichnet paßt eine Joghurtsauce mit Knoblauch und frischen Kräutern zu diesem Grillgericht.

Fleischklößchen auf syrische Art

- 750 g Lammfleisch
- 250 g gekochte Möhren
- 1–2 Knoblauchzehen
- 150 g gekochter Reis (50 g Rohware)
- 2 Eier
- Salz
- frisch gemahlener Pfeffer
- Currypulver
- 10 EL Sesamsamen
- 1 l Speiseöl oder 1 kg Kokosfett

Für die Sauce:

- 1 Becher (150 g) Crème fraîche
- 1 Becher (150 g) Joghurt
- Salz
- frisch gemahlener Pfeffer
- 1 durchgepreßte Knoblauchzehe

1. Das Lammfleisch unter fließendem kaltem Wasser abspülen, trockentupfen, von Fett und Haut befreien, mit Möhren durch die feine Scheibe des Fleischwolfs geben.

2. Die Knoblauchzehen abziehen, zerdrücken, mit Reis und Eiern zu der Fleischmasse geben, vermengen, mit Salz, Pfeffer und Curry würzen. Die Masse gut vermengen, aus dem Fleischteig etwa 50 walnußgroße Klößchen formen, die Hälfte in Sesam wälzen.

3. Das Fett erhitzen und die Klößchen portionsweise etwa 5 Minuten backen, auf Küchenpapier abtropfen lassen, heiß servieren.

4. Für die Sauce Crème fraîche und Joghurt verrühren, mit Salz und Pfeffer würzen und den Knoblauch unterrühren.

Tip: Dazu Fladenbrot, Mixed Pickles und Mangochutney reichen.

Hackfleischfondue mit Knusperkruste

200 g Thüringer Mett
200 g Rindergehacktes
1 Ei
1 abgezogene, feingehackte Zwiebel
1 EL gehackte Petersilie
2–3 EL Semmelbrösel
Worcestersauce
Salz
frisch gemahlener Pfeffer
200 g gehacktes Putenfleisch
25 g Schweinekrusteln
20 g Paprikachips
20 g Erdnußflips
1 bis 1 1/2 kg Fritierfett

1. Das Mett zu kleinen Bällchen formen.

2. Das Rindergehackte mit Ei, Zwiebel, Petersilie und Semmelbröseln zu einem festen Teig verkneten, mit Worcestersauce, Salz und Pfeffer würzen und Bällchen daraus formen.

3. Das Putenfleisch mit Salz und Pfeffer würzen und zu Bällchen formen.

4. Die Schweinekrusteln mit dem Pürierstab zermahlen und Schweinemettbällchen darin wälzen.

5. Die Paprikachips grob zermahlen und Rindfleischbällchen darin wälzen.

6. Die Erdnußflips grob zermahlen und Putenfleischbällchen darin wälzen.

7. Das Fritierfett im Fonduetopf auf 180 °C erhitzen (der Topf sollte zur Hälfte mit dem Fett gefüllt sein).

8. Den Topf auf das Rechaud stellen, Bällchen auf Fonduegabeln spießen und einzeln im Fett fritieren.

Tip: Tomatenketchup oder Mangochutney dazu servieren.

Verzeichnis der Rezepte nach Kapiteln

Vorspeisen und Snacks

Suppen und Eintöpfe

Aus Topf und Pfanne

Aus dem Ofen

Hackfleisch gegrillt und fritiert

Verzeichnis der Rezepte in alphabetischer Ordnung